DES DIVERS MODES D'ASSISTANCE

Aux Nécessiteux valides sans travail

Rapport présenté par M. le Dʳ GIBERT

Membre du Conseil supérieur de l'Assistance publique

ROUEN

IMPRIMERIE CAGNIARD (LÉON GY, SUCCESSEUR)

rues Jeanne-Darc, 88, et des Basnage

1897

DES DIVERS MODES D'ASSISTANCE

Aux Nécessiteux valides sans travail

Rapport présenté par M. le Dr GIBERT

Membre du Conseil supérieur de l'Assistance publique.

ROUEN

IMPRIMERIE CAGNIARD (LÉON GY, SUCCESSEUR)

rues Jeanne-Darc, 88, et des Basnage, 5

1897

PREMIÈRE QUESTION

DES DIVERS MODES D'ASSISTANCE

AUX NÉCESSITEUX VALIDES SANS TRAVAIL

Rapport présenté par M. le Dr GIBERT, membre du Conseil supérieur de l'Assistance publique.

La question de l'assistance aux indigents valides a été traitée au Congrès international de l'assistance en 1889 d'une façon complète. Le rapport de M. Teissier du Cros, les mémoires de M. Loch pour l'Angleterre, de M. Rosenau pour les Etats-Unis, me paraissent avoir résolu le problème social de l'assistance aux valides. Si à ces trois travaux nous ajoutons le travail de M. Le Roy pour l'Allemagne, nous avons entre les mains des documents de premier ordre et bien suffisants pour indiquer quelle est la voie, la seule voie, où la société française doit entrer. Je n'aurais donc pas accepté de faire un rapport sur une question magistralement et à mon avis complètement élucidée par les hommes remarquables que je viens de nommer, si je n'avais pas pensé que nous avons grandement besoin dans la Seine-Inférieure d'étudier de près l'état dans lequel se trouve l'assistance aux valides, ce qu'elle nous coûte et ce que nous faisons pour la réaliser.

J'ajoute tout de suite que j'ai beaucoup hésité avant de me charger de ce travail, à cause de mon défaut de compétence, car il saute aux yeux qu'un administrateur dégagé de toute attache officielle, un industriel de Rouen ou du Havre, un négociant, un armateur, tous ceux enfin qui vivent en contact journalier avec les ouvriers de toutes catégories, eussent été bien plus capables qu'un médecin d'apporter quelque lumière dans un sujet si important et si controversable.

Si donc ce travail est trouvé insuffisant, on voudra bien s'en prendre en partie au moins au Comité d'organisation du Congrès qui a fait tomber son choix sur ma personne.

4

Le plan de ce travail est le suivant :

1º De l'insuffisance absolue de l'assistance officielle pour venir en aide efficacement aux indigents valides ;

2º De l'organisation méthodique de la bienfaisance comme étant seule capable de résoudre le problème social des indigents valides ;

3º Application de ces principes à la ville du Havre, et étude pour cette ville des points suivants :

a) Quel est le nombre approximatif des indigents valides à secourir ?

b) Assistance officielle. — Bureau de bienfaisance. — Diaconat protestant.

c) Charité privée. — Quelle est sa base ? — Quelles sont ses ressources ? — Quels résultats obtient-elle ?

d) Quelles sont les conditions du travail dans la ville du Havre ? — Port et navigation. — Commerce. — Industries diverses. — Le salaire d'un ouvrier havrais est-il suffisant pour élever une famille. — Salaire moyen.

e) Causes de l'indigence des valides :

    A) Chômage. — B) Alcoolisme. — c) Maladies (phthisie) et accidents du travail.

f) Des moyens employés en dehors de l'assistance officielle pour venir en aide aux indigents valides. — Asiles de nuit. — Assistance par le travail. — Soupes économiques.

4º De la nécessité de fonder au Havre une Société de charité se substituant à l'assistance officielle et supprimant complètement l'assistance privée en la rendant méthodique et efficace.

CHAPITRE PREMIER

De l'insuffisance absolue de l'assistance officielle pour venir en aide efficacement aux indigents valides.

La démonstration de cette insuffisance a été faite maintes fois, et, en particulier, par les auteurs que j'ai cités, auxquels il faut ajouter le remarquable livre de M. Emile Chevallier sur la loi des pauvres en Angleterre.

Toute assistance, qu'elle soit officielle ou privée, doit avoir pour but de prévenir l'indigence. Or, au lieu de la prévenir, partout l'assistance officielle la provoque. Et comment en serait-il autrement ? Tout individu, quel qu'il soit, à moins de le supposer un être tout à fait exceptionnel au point de vue moral et religieux, qui reçoit un secours habituel, finit par devenir un paresseux. Toutes ses facultés intellectuelles et morales entrent dans un état de torpeur dès qu'il n'a plus aucune nécessité urgente de s'en servir pour se tirer d'affaire lui et les siens.

Il semble à première vue que l'Allemagne échappe à cette règle, et que chez elle l'assistance officielle ait réussi à endiguer le paupérisme. Mais, à mon avis, il s'agit là d'un vrai trompe-l'œil. Le système, ou plutôt la méthode d'Elberfeld, qui a été le point de départ de la transformation de l'assistance aux pauvres, dans le monde entier, est une méthode où l'action du *friendly visitor*, c'est-à-dire de l'élément libre et antiofficiel a acquis toute sa valeur. Que grâce à une conception qu'il me paraît difficile de transporter en France, l'obligation de l'assistance en Allemagne ait été utile, cela est évident, mais ce sont les villes qui ont appliqué le système d'Elberfeld qui ont réalisé les vrais progrès de l'assistance. Cette méthode, comme nous le verrons, est l'âme même des Sociétés libres de charité ; et, par conséquent, ce qui se passe en Allemagne n'est pas en contradiction avec ma thèse que l'assistance officielle provoque l'indigence au lieu de la prévenir.

En Angleterre, le principe du droit à l'assistance a engendré des maux sans nombre. « La démoralisation était devenue générale parmi les classes populaires : la paresse et la misère s'étaient étendues au détriment du travail. Il fallut aviser. L'assistance jusque là était douce aux pauvres : on la leur fit dure. Le secours à domicile était la règle, il devint l'exception. Le mal fut enrayé, mais la plaie devait être longue à se cicatriser. » (Emile Chevallier).

Le workhouse, cette chose odieuse, au moins pour nous Français, fut le moyen trouvé par les Anglais pour pallier les inconvénients de la *poov law*.

Que l'Etat se charge des vieillards, des infirmes, des enfants abandonnés, des orphelins abandonnés, c'est un devoir qui lui incombe, quand la charité privée est insuffisante. Mais qu'il fasse donc, et qu'on fasse toujours une distinction entre ces catégories (vieillards, infirmes, idiots, orphelins), qu'il est si facile à l'Etat de connaître, puisqu'elles se classent en quelque sorte d'elles-mêmes et les indigents valides qui n'ont aucun droit naturel à l'assistance de l'Etat. La charité officielle est une méthode de dissolution de toutes les forces sociales. « Cette institution, dit M. Chevallier, éteint chez ceux qui y ont recours tout sentiment d'honneur et de dignité. L'effronterie, souvent la menace

6

et l'insulte accompagnent leur demande ou plutôt leur réclamation ;
elle entretient l'hostilité entre les diverses classes de la population. »
(E. Chevallier).

Miss Octavia Hill, cette femme qui, à elle seule, a plus fait en
Angleterre pour le salut des pauvres que toute la charité officielle de
son pays, dit, en parlant de ce système : « Evitons de faire l'aumône
à petites doses, ce qu'on peut appeler la charité par bouchée. Nous
avons vu ce système à l'œuvre, au milieu de notre peuple, sous sa
vieille forme surannée. Il a dévoré le cœur de nos hommes et de
nos femmes ; il a corrompu, dégradé, appauvri des centaines de
foyers ; il a détruit la vie de famille. Il affaiblit le sentiment de la
responsabilité à tel point que les parents ne savent plus si c'est à
eux ou au bon public qu'il appartient de nourrir leurs enfants. »

Ce que M. Loch, dans son remarquable rapport, a si bien établi
pour l'Angleterre, à savoir l'impérieuse obligation pour résoudre le
problème du paupérisme, d'avoir recours à l'organisation méthodique
de la bienfaisance, M. Rosenau, pour les Etats-Unis d'Amérique, l'a
établi avec la même puissance. Impossible, quand on a lu et relu son
travail, de n'être pas convaincu que le système d'Elberfeld, rendu plus
vivant par la liberté et la souplesse des Sociétés libres, est la seule
voie dans laquelle il faille s'engager désormais.

M. Rosenau montre comme M. Loch que :

1º L'objet de l'assistance charitable doit être de placer le secouru
hors du besoin pour l'avenir ;

2º L'assistance doit être administrée de façon à ne pas fixer dans le
paupérisme ceux qui la reçoivent ;

3º L'emploi doit toujours être préféré à l'aumône ;

4º Il faut éviter, autant que possible, le secours officiel ;

5º Il faut constamment se tenir en contact avec le secouru.

Rien n'est plus saisissant que de voir fonctionner cette nouvelle
méthode de comprendre l'assistance dans une grande ville comme
Buffalo.

En 1877, Buffalo avait 140,000 habitants. Ses rues fourmillaient
de mendiants. L'aumône officielle arrivait à des chiffres énormes.

En 1876, 590,000 fr. furent distribués à 3,778 familles comprenant 14,375 personnes, soit le 10 o/o de la population.

C'est alors que se forma la première Société de charité.

Trois ans après, la somme distribuée n'était plus que 150,000 fr.,
le nombre des familles assistées de 1,139, et cependant la population
de Buffalo avait augmenté de 11,000 habitants.

La Société de Buffalo a servi de modèle à la plupart des grandes villes des Etats-Unis, si bien qu'en groupant la population de 34 d'entre elles, on voit que, sur une population de 7 millions 3o8,ooo habitants, le nombre des indigents représente le 6 o/o de la population, et en étudiant ce que ces 6 o/o représentent au point de vue du paupérisme, M. Rosenau constate que :

10 o/o des familles secourues étaient dignes d'assistance continue.

26 o/o d'assistance provisoire.

40 o/o avaient plus besoin de travail que de secours.

22 o/o étaient indignes d'assistance.

Tirer les conclusions logiques de cette vaste expérience n'est pas difficile, et les voici :

1º La charité distribuée sans organisation donne des secours à un grand nombre de gens indignes, à qui du travail vaudrait mieux ;

2º La charité organisée économise grandement le budget de l'assistance ;

3º La charité organisée diminue rapidement le paupérisme, et d'ailleurs, ajoute l'éminent rapporteur, le fait que 22 o/o des solliciteurs étaient indignes d'être assistés, tandis que 40 o/o avaient besoin de travail plus que de secours, justifie et démontre le bien fondé de ces conclusions.

M. Atkinson, le célèbre statisticien américain, a montré que 21 Sociétés de charité ont économisé à leur pays, en un an, une somme de 8 millions 5oo,ooo fr.

Ainsi donc, MM. Loch et Rosenau ont apporté au Congrès de 1889 la preuve éclatante que l'organisation méthodique de la bienfaisance est la seule manière de lutter contre le chancre rongeur du paupérisme.

FRANCE

L'insuffisance de la bienfaisance officielle pour combattre le paupérisme éclate de toutes parts dans notre pays (1). C'est vraiment,

----

(1) C'est de propos délibéré que je ne parle pas de Paris. Depuis que le Congrès de 1889, et aussi le Conseil supérieur de l'assistance publique, ont fait une campagne vigoureuse en faveur des questions d'assistance, un grand nombre de tentatives ont été faites à Paris, dans le sens même des Sociétés anglaises et américaines, dont je viens de parler. Faire l'histoire de ces tentatives m'entraînerait trop loin.

me semble-t-il, une démonstration qui n'a pas besoin d'être faite. Partout, dans toutes les villes, la marée montante des indigents invalides et valides devient une source de grandes inquiétudes pour les budgets municipaux. Tous les ans on constate avec effroi que, malgré des efforts gigantesques, mais mal compris, mal organisés, l'indigence augmente. On n'a qu'à consulter à ce sujet les différents comptes moraux fournis par les établissements de bienfaisance de nos grandes villes pour s'en convaincre.

Sans donc perdre le temps des membres du Congrès à faire une démonstration qui est acceptée de tout le monde, j'entre tout de suite dans ce qui fait vraiment le sujet de ce rapport.

Ville du Havre.

Il y a peu de villes en France où les questions de charité, de bienfaisance, d'assistance sous toutes ses formes soient plus en honneur qu'au Havre. D'une façon générale on peut dire que le négociant du Havre a sa bourse toujours ouverte. Jamais aucune misère connue et constatée ne trouve le Havrais indifférent. Aussi, n'est-ce pas l'argent qui manque pour venir en aide à ceux qui sont dans le besoin. On peut dire, sans être trop paradoxal, que l'abondance de l'argent au Havre a été plutôt une mauvaise chose qu'une bonne, comme la suite de ce travail le prouvera. Donc, beaucoup d'argent en face de beaucoup de misère; beaucoup de bonnes volontés dans toutes les classes de la société; beaucoup de dévouement, non seulement dans toutes les confessions religieuses, mais dans les laïques qui, en grand nombre, donnent, sans obéir à un sentiment d'ordre religieux. Qu'une grande catastrophe arrive, un désastre maritime, une épidémie qui s'étend et devient menaçante, tout de suite notre population donnante met la clef à sa caisse et en tire des sommes considérables. On l'a vu pour le choléra de 1892. On l'a vu pour le serum antidiphthéritique. On l'a vu quand le chômage a jeté sur le pavé un trop grand nombre de « sans-travail ».

Que fait-on de tout cet argent ?

Je laisse de côté l'assistance hospitalière avec toutes ses catégories et me restreins à l'assistance aux indigents valides.

Et dès lors je me trouve en face des chiffres suivants :

Le bureau de bienfaisance a dépensé, en 1895-
1896.. 322.786 fr. 44
dont il faut retrancher pour le service des malades..   46.052   60
                                                      ____
                                Soit...........   276.733 fr. 84
                                                      ================

Ce chiffre de l'assistance officielle aux valides (y compris bien
entendu tous les frais qu'elle occasionne) représente pour une population de 114,004 habitants, 2 fr. 42 par tête et par an. Chiffre peu
élevé s'il ne fallait pas le grossir de ce que coûtent l'assistance confessionnelle et l'assistance privée.

Le Diaconat protestant secourt un nombre de 65 familles à titre
permanent, sur lesquelles 36 veuves. C'est un chiffre d'environ
400 personnes, ce qui, pour un chiffre de 7,000 personnes, représente le 17 o/o d'assistés.

La dépense est d'environ 25,000 francs, ce qui représente un chiffre
relativement élevé. Les protestants du Havre n'ont aucune œuvre
d'assistance officielle, c'est-à-dire entretenue par l'Eglise. L'ouvroir
est une œuvre particulière.

Parmi les femmes assistées plusieurs sont employées à la filature
ou au triage du café.

Des secours temporaires sont distribués à 30 ou 40 familles.

Quant à l'Assistance privée, quelques difficultés qu'on ait à en
déterminer la valeur, il n'est pas très difficile d'arriver à un chiffre
approximatif et peu éloigné de la vérité.

La charité privée, celle qui s'exerce de porte en porte, qui s'étend
aux bureaux des négociants, et qui, en définitive, prélève un impôt
très important sur l'ensemble des habitants, arrive au chiffre de
300,000 fr. par année. Dans ce chiffre sont comprises les véritables
œuvres de bienfaisance faites par quelques personnes riches et au
cœur vraiment humain, mais ne sont pas comprises les œuvres de
l'Eglise catholique. Je n'ai, pour ces dernières, aucune base sérieuse
d'appréciation, mais il ne me paraît pas excessif d'affirmer qu'au
Havre, la charité privée et la charité confessionnelle réunies, arrivent
au chiffre, non plus de 300,000, mais de 500,000 fr. Nous voici,
par conséquent, avec une assistance aux valides atteignant le chiffre
de près de 7 fr. par habitant et par an.

Comment sont employées ces sommes ?

Le bureau de bienfaisance fait précéder d'une enquête toute
demande de secours, et cette enquête donne des résultats importants

en constituant le dossier de l'indigence au Havre, ou par une appellation plus juste : le dossier de la bienfaisance.

Mais une enquête faite par un corps constitué, quelles que soient les bonnes intentions des administrateurs et du personnel qui le composent, ne vaut jamais l'enquête faite, par la charité, non pas privée, mais individuelle, et qui a été généralisée comme une loi par les Sociétés de charité anglaises et américaines.

Une simple indication à ce sujet n'est pas suffisante. Il faut entrer dans des détails circonstanciés si, de ce travail, le Congrès de Rouen peut tirer quelques progrès pratiques.

Des enquêtes dans l'organisation méthodique de la bienfaisance.

Un homme de bien s'est trouvé en Angleterre qui a entrepris de faire l'histoire de la pauvreté, du paupérisme à Londres, ou plutôt dans une partie de Londres-l'East End.

Cet homme, dont le nom devrait être connu de tous ceux qui étudient les questions sociales, est Charles Booth. L'enquête qu'il a faite sur la pauvreté dans l'East End est résumée dans deux volumes et une carte vraiment admirables de précision, ce qui lui a coûté le chiffre de 5oo,ooo fr. Un résumé de son œuvre intéressera certainement le Congrès.

D'abord, dit Charles Booth, qu'est-ce qu'un pauvre ? Par exemple : voilà un ivrogne qui gagne largement de quoi entretenir sa famille, mais qui boit régulièrement les trois quarts de son gain. Un tel homme est-il pauvre ? Oui, dit Booth, parce qu'il faut regarder aux résultats.

Est donc pauvre tout homme (que ce soit par le fait de ses vices ou non), dont la famille est dans la souffrance.

Je tiens à donner une longue et détaillée analyse de la manière dont Ch. Booth a conduit son enquête, parce qu'elle pourra être utile à tous ceux qui veulent résoudre pratiquement le problème de l'assistance. Il est si facile, en effet, de faire de belles phrases et de beaux discours sur ce sujet qui embrasse toutes les misères de la vie humaine, et si difficile de leur appliquer un remède efficace. Or, parmi les moyens les meilleurs qu'une ville a intérêt à trouver, un des plus importants, c'est la façon de faire et de conduire une enquête. Supposez un instant qu'un citoyen du Havre et un autre de Rouen veuillent faire pour ces deux villes ce que Booth a fait pour Londres et vous verrez qu'un travail de ce genre servirait d'un vrai coup de sonde pour jauger le mal à guérir.

L'enquête de Booth n'était pas du tout destinée à une Société de charité, mais pouvait servir et a servi à Londres à bien conduire une enquête.

Que doit être l'enquête dans l'organisation méthodique de la bienfaisance ?

Il suffit d'avoir vu à l'œuvre quelques-unes des Sociétés nées du mouvement d'Elberfeld pour savoir ce qu'elle doit être pour être efficace.

Tout a été dit là-dessus et le rapport de M. Rosenau est absolument lumineux.

L'enquête doit être conduite, non pas avec l'amour que peuvent donner et que donnent souvent des sentiments religieux très sincères, on ne peut pas et on ne doit pas l'exiger, mais avec une ardente sympathie humaine. Le friendly visitor doit considérer les malheureux qu'il visite comme des frères, et quand il pénètre dans les raisons secrètes de leur indigence, souvent de leur misère, c'est avec son cœur qu'il doit procéder et jamais avec l'indifférence, l'insouciance administratives.

Il faut que le malheureux, au sortir de cette enquête, se sente encouragé, relevé, et que l'espoir, c'est-à-dire la force de vivre, remplace le découragement abrutissant. C'est en agissant de la sorte que les grandes Sociétés de charité américaines et anglaises ont fait un bien immense et atténué, dans une mesure extraordinaire, le mal social du paupérisme.

Si l'enquête est conduite dans un esprit policier elle manque son but, elle révolte le pauvre, elle l'aigrit tout au moins, et fait disparaître toute sincérité.

Oh ! nous le savons bien, l'enquête doit avoir pour résultat de démasquer les fripons qui se cachent sous les habits du mendiant, en apparence si digne de piété ; oui, elle doit avoir ce résultat, mais elle ne doit pas l'avoir pour but. Le but de toute enquête, comme le but de toute Société de charité doit être de chercher, de trouver et d'appliquer, pour chaque misère, un secours approprié, et pour me servir d'une expression médicale, il s'agit de faire, dans chaque cas, un bon diagnostic qui servira de base au traitement rationnel.

Je ne pense pas qu'il soit nécessaire d'insister davantage. Tous ceux qui ont la pratique de la bienfaisance savent que c'est avec le cœur seul qu'il faut procéder.

Mais les sentiments de cet ordre suffisent-ils, ou plutôt n'ont-ils pas un côté fâcheux ? Cela est bien évident ; et c'est ici qu'apparaît, dans une éclatante lumière, la nécessité d'une méthode sociale pour pratiquer l'assistance aux valides. Que fait donc la charité privée, celle qui sert de modèle, quant à son mobile élevé ? Elle fait l'aumône, elle la distribue sous toutes ses formes, et par l'aumône elle fait une œuvre corruptrice et délétère au lieu d'une œuvre de relèvement. Et pourquoi ? C'est que les efforts individuels, sauf les rares exceptions, sont incapables, isolément, de faire plus ou mieux. Il faut s'inspirer des sentiments de la charité privée qui conduisent à l'aumône, et il ne faut jamais faire d'aumône. De là la nécessité d'une organisation méthodique de la bienfaisance qui satisfera à la fois le cœur et la raison.

Quels résultats la charité havraise a-t-elle obtenus jusqu'ici ?

Ces résultats sont lamentables, car il y a peu de villes où la mendicité, sous ses formes les plus funestes, s'exerce avec autant d'impudeur.

Ici, les chiffres sont plus éloquents que toutes les paroles ou toutes les dénégations.

Si la charité officielle et la charité privée avaient été utiles, on ne verrait pas, comme une marée montante, l'indigence devenir singulièrement menaçante. L'armée des sans travail n'a pas diminué.

Qu'on en juge :

En 1896, ont hospitalisé au Havre :

	Hommes.	Femmes.	Enfants.		
La caserne de passage............	6.417	1.558	294	=	8.269
L'asile de la rue des Pénitents.	5.519	500	128	=	6.147
L'asile rue de Saint-Romain.	999	8	4	=	1.011
					15.427

Si l'on suppose que ces hospitalisés ont pris l'habitude de vivre dans les asiles aussi souvent que les règlements le permettent, nous en conclurons qu'il s'agit d'une population de 4 à 5,000 individus qui sont dans un état habituel de misère.

Et encore faut-il faire remarquer que le chiffre de 15,427 est en amélioration sur les années précédentes puisqu'on trouve :

En 1895...	19,129 individus des deux sexes.	
En 1894...	18,363	—

L'amélioration me paraît due principalement à la suppression des secours donnés par la Mairie, mais peut-être y a-t-il là des causes plus complexes que je ne me l'imagine.

Quoi qu'il en soit, les hospitalisés de nuit constituent une armée qui traduit bien l'état de l'indigence au Havre.

Si donc les deux charités, officielle et privée, ont abouti à un pareil résultat, on peut dire qu'elles ont fait faillite au point de vue social, et, sans aller jusqu'à prétendre qu'elles font plus de mal que de bien, il est permis d'en conclure qu'elles emploient de mauvais moyens, une mauvaise méthode, et qu'il faut en changer. Je reviendrai dans mes conclusions sur ce point capital.

CHAPITRE II

Quelles sont les conditions du travail dans la ville du Havre. — Port et navigation. — Commerce. — Industries diverses. — Le salaire d'un ouvrier havrais est-il suffisant pour élever une famille. — Salaire moyen.

La première question à résoudre est de déterminer le chiffre de la population ouvrière, c'est-à-dire vivant du travail manuel dans la ville du Havre. Question difficile à résoudre par le fait même de la continuelle immigration et émigration des ouvriers, surtout des journaliers.

Les chiffres qui m'ont été fournis par M. le Commissaire central, Kolb, à qui j'adresse tous mes remerciements, ne sont et ne peuvent être qu'approximatifs.

Les différentes industries du Havre représentent une population ouvrière approximative (en y comprenant les enfants), de 23,500 personnes, et en y joignant les ouvriers du commerce, il faut porter ce chiffre à environ 30,000.

Mais il est bien évident que je ne parle que des ouvriers ayant un domicile et dont le recensement peut se faire sans trop d'erreurs. L'élément difficile à apprécier, la cause d'erreur, sont les nomades, les voyageurs dans les garnis et qui comprennent les vagabonds venant de tous les points de la France, les journaliers de la campagne attirés par la ville, les auxiliaires de toute provenance.

Ce chiffre atteint le nombre de 11,676 voyageurs en garnis. Chiffre colossal puisqu'il représenterait, pour Paris, plus de 200,000 individus, et pour Londres, 500,000.

Ces itinérants, vagabonds, mendiants, semi-criminels, qui constituent l'armée du vice, des émeutes et, qui en toutes occasions, troublent quand ils le peuvent la paix publique, devraient être l'objet d'une répulsion générale, car, parmi eux, il n'y en a pas 5 o/o dignes de quelque intérêt.

Laissons-les de côté. Ce peuple-là n'a rien à voir avec notre vraie population ouvrière, celle qui travaille et qui est l'honneur de notre ville. Ce qui est important, c'est de montrer que la plus grande partie des ouvriers du Havre a une occupation régulière et fixe, et, par conséquent, un budget qui peut lui permettre de régler ses conditions d'existence.

Les journaliers, dont le travail est essentiellement intermittent et qui fournissent le plus gros contingent des sans travail, sont composés en grande partie d'ouvriers qui, pour une raison quelconque, ont dû renoncer à leur métier primitif. On se fait journalier parce que, pour ce métier-là, il suffit d'avoir des bras et des jambes, et on se loue au jour le jour pour les besognes pénibles du commerce, déchargement et chargement des marchandises. Il est bien entendu cependant que, parmi les journaliers, il y en a de dignes de tout intérêt et qui n'ont pas eu de métier primitivement. Quoi qu'il en soit, on peut dire que ce sont les journaliers sur qui les saisons mortes d'un grand port, font peser tout le poids du chômage forcé.

On peut compter environ 3,000 ouvriers journaliers sur lesquels un tiers, près de la moitié, si mes renseignements sont exacts, ont un travail régulier. Tous les autres fournissent la vraie classe des assistés.

Le salaire moyen des ouvriers du Havre est-il suffisant pour faire vivre une famille, même composée d'un grand nombre d'enfants ? à cette question, on peut répondre oui sans hésiter.

Qu'on en juge :

Les ouvriers du port ont un salaire moyen de 6 fr. par jour.

Les déchargeurs de charbon, 9 fr. par jour, et avec des heures supplémentaires arrivent à 14 fr. par jour (travail horriblement pénible d'ailleurs et malsain).

Les charretiers, 130 fr. par mois.

Les gardes magasins, 125 fr. par mois.

Ouvriers classés dans les différents entrepôts, 6 fr. par jour ; 135 fr. par mois.

Sous-chefs d'équipes, 145 fr. par mois.

Chefs d'équipes, 155 fr. par mois.

Voiliers, tonneliers, 7 fr. par jour.

Sous-chef, 160 fr. par mois.

Chef, 175 fr. par mois.

Ouvriers à l'année dans les maisons de commerce, de 140 fr. à 175 fr. par mois.

Ouvriers sédentaires dans les grandes industries, 5 fr. à 6 fr. par jour.

Manœuvres, 3 fr. 50.

Ouvriers dont le travail est payé à l'heure :

Maçons, de 0 fr. 60 à 0 fr. 65 l'heure.

Manœuvres, de 0 fr. 40 à 0 fr. 50 l'heure.

Terrassiers, de 0 fr. 40 à 0 fr. 50 l'heure.

Couvreurs, 0 fr. 75 l'heure.

Peintres, 0 fr. 60 l'heure.

Serruriers, chaudronniers, etc., 0 fr. 50 à 0 fr. 75.

Les chiffres, qui sont établis sur des renseignements qui paraissent très sûrs, montrent que l'ouvrier du Havre a un salaire moyen très élevé. Par conséquent pour lui, quand il est employé à l'année, qu'il est sûr du travail du lendemain, il peut vivre, et vivre sans aucune privation.

C'est un fait d'ailleurs accepté de tout le monde, qu'au Havre la classe ouvrière, depuis vingt-cinq ans, a vu sa situation s'améliorer d'une manière très sensible.

Le salaire moyen des ouvriers du Havre est donc suffisant pour entretenir une famille, et comme cette question est capitale dans l'histoire du travail manuel d'une grande ville industrielle et commerçante, je veux entrer dans quelques détails qui ont leur intérêt.

On dit qu'au Havre la vie matérielle est horriblement chère. Elle est chère, mais le salaire des ouvriers est précisément calculé pour faire face à cette cherté de la vie.

Ce qu'il y a d'important pour un ouvrier, c'est d'avoir une femme qui soit ordonnée, propre, et qui sache acheter, se débrouiller, comme on dit dans un langage très juste. Savoir se débrouiller, pour une mère de famille qui ne peut compter que sur un salaire du mari, qui flotte entre 110 et 130 fr. par mois, c'est savoir composer un menu qui sauvegarde la santé du père et des enfants, et savoir raccommoder les vêtements de la famille, après avoir su les bien acheter.

J'ai connu un bon nombre d'ouvriers raffineurs gagnant un salaire de 100 à 120 fr. par mois qui, sans jamais être assistés, ni faire de dettes, ont élevé une famille nombreuse. Parmi eux, il y en a qui ont mérité de belles récompenses publiques de la Société de l'encouragement au bien.

J'ai connu un ménage composé du père, de la mère, et de 10 enfants qui ont été élevés sans aucun secours. Le salaire du père, qui apportait tout à la maison, était de 5 fr. par jour.

Les facteurs de la poste, qui n'ont qu'un salaire fixe de 75 à 80 fr. par mois, se tirent généralement d'affaire.

Comment une ménagère peut-elle s'arranger pour nourrir une nombreuse famille avec si peu d'argent?

Dans la pratique, il est facile de voir que les ménagères de notre ville ont, sans s'en douter, réalisé les plus beaux menus fournis en Allemagne et aussi en France par des savants à qui on demandait des menus suffisants et bon marché.

Au Havre, le pot-au-feu bien fait avec les légumes abondants et le pain, constitue un aliment de premier ordre. Malheureusement, on en perd un peu l'habitude, grâce à l'introduction des conserves alimentaires, qui sont loin d'avoir la même valeur nutritive.

Le poisson salé ou fumé (maquereaux et harengs surtout), constitue une excellente nourriture très populaire et relativement bon marché quand la ménagère fait elle-même la salure ou la fumure.

La graisse alimentaire absolument nécessaire pour entretenir la chaleur de notre corps est fournie par toutes sortes de corps gras dont le meilleur mais le plus cher est le beurre.

Au-dessous du beurre se trouve la margarine. Autrefois elle était détestable et les expériences faites dans nos prisons l'avaient fait considérer comme un aliment mauvais. Mais aujourd'hui la margarine, qu'on appelle premier jus, et qui constitue en réalité la plus grande partie des beurres consommés à Londres sous le nom de beurre de Hollande, n'est pas du tout sans valeur nutritive et est très assimilable.

Les graisses d'Amérique, le saindoux en particulier, rend d'immenses services à la population ouvrière, car il est excellent pour faire de bonnes soupes et de bonnes fritures.

Si aux éléments essentiels d'une cuisine bien faite vous ajoutez le pain et le lait qui sont excellents au Havre, vous verrez que les ouvriers peuvent vivre sans privation avec leur salaire.

Quant au loyer, c'est là le point noir de la vie de nos ouvriers, et il est bien regrettable qu'on n'ait pas encore réussi à multiplier dans notre ville, ce qui serait facile et rémunérateur, des logements d'ouvriers comme ceux qui ont permis à la ville de Londres et à beaucoup de villes d'Allemagne et de Suisse de se développer en maintenant à un chiffre très bas le taux de la mortalité ouvrière.

Pour une famille d'ouvriers, le loyer ne devrait jamais dépasser le dixième du salaire annuel, par conséquent, il ne devrait pas dépasser 150 francs par an. Or, il faut doubler ce chiffre pour donner la moyenne des loyers des ouvriers du Havre, et encore sont-ils mal logés et dans de mauvaises conditions sanitaires. Aussi faut-il appeler l'attention du Congrès et de quelques philantrophes au cœur généreux pour créer au Havre de ces logements ouvriers dont un de nos députés, M. Siegfried, s'est occupé avec une grande persévérance, et plus tard, nous l'espérons, avec un grand succès.

Il résulte donc de cette courte étude sur les conditions du travail au Havre que l'ouvrier peut vivre honorablement et dignement, et bien élever sa famille. Qu'on n'oublie pas en effet que l'ouvrier n'a rien à payer pour donner à ses enfants une instruction sérieuse et solide, rien ou plutôt peu de chose.

Quand il est malade, tous les moyens d'assistance aux malades ont été multipliés dans notre ville.

Pourquoi donc un si grand nombre d'entre eux tombent-ils dans l'indigence ?

C'est ce que je vais examiner dans le chapitre suivant.

CHAPITRE III

Causes de l'indigence au Havre. — Chômage. — Alcoolisme. —
Maladies diverses, entr'autres la phthisie pulmonaire.

Nous avons vu qu'un nombre d'environ 3,000 ouvriers au Havre étaient voués fatalement au chômage par le fait des saisons mortes.

Les ouvriers des quais employés au chargement et au déchargement des navires, bien payés en temps de travail, n'ont plus de travail quand nos bassins sont vides. Que faire à cela ?

Rien, absolument rien. Car tous les remèdes ne sont que des remèdes empiriques. Le remède, il est sans doute dans le retour aux traités de commerce et l'abandon du protectionnisme qui nous régit à l'heure actuelle, mais il suffit de ces deux lignes pour montrer au Congrès que je n'ai pas le droit de toucher même de loin à la politique.

Le chômage est la grande préoccupation du monde des économistes et des travailleurs.

2

Naturellement, à une époque où on fait jouer au mécanisme de l'assurance, après l'avoir assoupli, le plus grand rôle dans la vie sociale contemporaine, on a dû songer et on a songé à l'assurance contre le chômage. Jusqu'ici toutes les tentatives ont échoué par la raison bien simple que la caisse de l'assurance n'a jamais pu être alimentée par les ouvriers eux-mêmes. Toujours il a fallu recourir à l'argent du patron, dans des proportions onéreuses pour ce dernier, de telle sorte qu'en réalité l'assurance contre le chômage est une forme déguisée de l'assistance. Ce genre d'hypocrisie dans une question de cette nature n'est pas sans danger. Il est probable que l'assurance contre le chômage entrera peu à peu dans la catégorie de l'assurance obligatoire, comme en Allemagne, et ce genre de socialisme d'État n'est pas pour nous plaire.

Le chômage au Havre atteindra donc forcément les journaliers et c'est pourquoi il sera utile de leur fournir les éléments d'un travail supplémentaire. C'est une question à examiner à part et pour elle-même.

La deuxième cause active de l'indigence au Havre est l'Alcoolisme.

Une fois de plus je vais faire l'étude de cette triste, de cette lamentable plaie sociale qui constitue en réalité pour notre pays un chancre rongeur. Le fléau de l'alcoolisme qui a été étudié si complètement et si courageusement par le docteur Brunon, de Rouen, directeur de l'École de médecine, devrait faire l'objet des préoccupations de tous ceux qu'anime, je ne dis pas beaucoup, mais un peu de patriotisme. Or, dans cette question, nous assistons à un des plus tristes spectacles de notre époque : tout le monde est convaincu que l'alcoolisme fait plus de ravages parmi nous que toutes les épidémies de choléra, de diphtérite, ou de peste réunies, et personne, dans les corps constitués, n'ose en parler. Qu'on nous cite dans la Seine-Inférieure un Conseil municipal, ou un Conseil d'arrondissement, ou le Conseil général, qui aient osé dire un mot contre ce fléau qui atteint les forces vives de notre peuple. On dirait vraiment que la question électorale suffit à elle seule pour paralyser les langues et pour produire le régime de la lâcheté des caractères qui empêche ceux qui en ont le devoir, de dire la vérité au peuple des consommateurs.

Qu'on juge d'abord de l'alcoolisme dans nos deux grandes villes de Rouen et du Havre.

Voici les tableaux de la consommation comparée pour l'alcool, le vin, la bière et le cidre.

ALCOOLISME

ANNÉES	ALCOOL PUR (1) (Eaux-de-vie, liqueurs, bitters, absinthes, etc.; etc.)		VIN		BIÈRE		CIDRE	
	CONSOMMATION		CONSOMMATION		CONSOMMATION		CONSOMMATION	
	totale.	par tête et par an.	totale.	par tête et par an.	totale.	par tête et par an.	totale.	par tête et par an.
	Hect.	Lit.	Hect.	Lit.	Hect.	Lit.	Hect.	Lit.
1887.	16.640 93	14 84	45.404 39	40 5	20.100 87	18 »	94.257 74	84 1
1888.	17.748 55	15 83	44.000 41	39 3	19.154 27	17 09	104.318 06	93 1
112,074 hab. 1889.	16.749 85	14 94	41.666 03	37 1	21.912 63	19 55	76.988 68	68 7
1890.	16.620 60	14 83	42.048 13	37 5	23.542 64	21 »	56.673 23	50 5
1891.	18.137 26	15 58	42.209 39	36 2	23.388 51	20 09	85.667 55	73 6
1892.	18.921 14	16 25	45.487 07	39 »	24.533 21	21 08	89.697 41	77 »
116,369 hab. 1893.	18.562 40	15 95	44.358 48	38 1	24.421 33	20 98	128.540 12	110 4
1894.	18.122 19	15 56	44.730 23	38 4	25.603 21	22 »	108.112 58	92 9
1895.	17.543 10	15 07	42.780 63	36 7	25.537 14	21 94	118.176 23	101 5
119,470 hab. 1896.	17.503 36	14 65	40.761 58	34 1	24.702 28	20 67	115.121 35	96 3

(1) Nota. — Les Bitters, Chartreuse, etc., etc., étant imposés proportionnellement à la quantité d'alcool pur y contenue, la perception ne fait pas de distinction entre les diverses boissons alcooliques; celles-ci se trouvent donc incorporées dans les chiffres figurant dans la colonne alcool pur.

VILLE DE ROUEN

ALCOOLISME

ANNÉES	ALCOOL PUR (1)		VIN		BIÈRE		CIDRE	
	CONSOMMATION		CONSOMMATION		CONSOMMATION		CONSOMMATION	
	totale.	par tête et par an.	totale.	par tête et par an.	totale.	par tête et par an.	totale.	par tête et par an.
	Hect.	Lit.	Hect.	Lit.	Hect.	Lit.	Hect.	Lit.
107,163 hab. 1887.	16.136	15 05	46.638	43 5	14.082	13 1	148.195	138 2
1888.	16.785	15 66	45.047	42 »	13.872	12 9	149.353	139 3
1889.	16.163	15 08	43.572	40 7	12.048	11 2	128.517	119 9
1890.	16.914	15 78	45.142	42 12	14.497	13 5	107.399	100 2
1891.	17.346	15 43	43.781	38 9	14.082	12 5	130.434	116 »
1892.	17.843	15 88	45.664	40 6	14.126	12 5	154.505	137 5
112,352 hab. 1893.	17.530	15 60	43.544	38 7	13.009	11 5	200.053	178 »
1894.	17.548	15 62	44.420	39 5	11.382	10 1	166.958	148 6
1895.	17.479	15 56	43.850	39 »	10.970	9 8	182.430	162 4
113,219 hab. 1896.	18.040	15 93	44.314	39 1	11.428	10 1	166.498	147 »

(1) NOTA. — Les Bitters, Chartreuse, etc., etc., étant imposés proportionnellement à la quantité d'alcool pur y contenue, la perception ne fait pas de distinction entre les diverses boissons alcooliques; celles-ci se trouvent donc incorporées dans les chiffres figurant dans la colonne (1) alcool pur.

On peut en conclure :

Que le chiffre de 16 litres (à Rouen), par tête et par an étant constitué par de l'alcool pur doit être doublé pour apprécier le nombre de litres d'alcool bus au détail, soit 31 litres pour Rouen et environ 29 litres pour le Havre par tête et par an. Ce chiffre, quand il a été atteint en Suède et Norwège et aux États-Unis a été considéré comme un malheur public et des mesures administratives, en même temps qu'une campagne vigoureuse menée par les Sociétés de tempérance, ont réussi à diminuer d'une manière notable les dangers reconnus de l'alcoolisme.

Dans nos villes ce chiffre, qui ailleurs a été considéré comme une calamité n'arrête pas même l'attention des pouvoirs administratifs ou électifs et c'est ainsi qu'aucune digue sérieuse n'est opposée à un fléau dont la gravité ne peut pas être exagérée.

Sait-on en effet quelles sont les conséquences de l'alcoolisme quand il se généralise comme dans notre département? Laissez-moi résumer ce que nous savons à ce sujet.

Et d'abord éliminons une cause d'erreur que M. le docteur Daremberg a eu cent fois raison de signaler. C'est l'alcool en lui-même, l'alcool pur, dépouillé de toute addition d'essences funestes ou d'impuretés tels que l'alcool amylique ou l'alcool propylique, qui est dangereux, qui est un poison actif.

L'alcool tel qu'il est dans un litre de vin en combinaison colloïde ne fait pas le mal de l'alcool pur.

Si vous supposez qu'un homme boive une bouteille de très bon Bordeaux contenant 60 grammes d'alcool, il ne se fera aucun mal en buvant cette bouteille et il s'en fera à coup sûr s'il prend à l'état de pureté l'alcool contenu dans cette bouteille. De là vient que dans l'Hérault il y a cent fois moins de condamnations pour ivrognerie que dans les départements du Nord.

Au Havre et à Rouen l'ouvrier consomme l'alcool sous une quantité de formes plus ou moins dangereuses : bitters, absinthes, kina, etc., etc., mais boit surtout du prétendu cognac qui est fabriqué avec de l'alcool de pommes de terre ou de grains, alcool très bien distillé aujourd'hui et généralement pur.

Quels sont au point de vue social les méfaits de l'alcool ?

Au point de vue spécial qui fait l'objet de cette étude, il est facile de voir que si l'ouvrier au lieu de boire son gain, le rapportait à la maison, toute misère disparaîtrait.

L'ouvrier, au Havre, celui des quais principalement, boit régulièrement les deux tiers de son travail. Il y est sollicité d'ailleurs par une institution déplorable qui, sous le nom de roulotte, met à sa disposition j'allais dire à sa bouche, dès les heures matinales, toute la quantité de spiritueux qu'il désire : avant neuf heures du matin, me disait un président de la Chambre de commerce du Havre qui avait fait de vains efforts pour supprimer cette roulotte, avant neuf heures, l'ouvrier a déjà consommé de 10 à 20 petits verres. A neuf heures, son travail est déjà incertain, si bien que le travail technique de nos ouvriers a beaucoup perdu de sa valeur.

Cette consommation jette la famille dans l'indigence ; et la femme découragée dans une lutte qui est sans issue pour elle, se met à boire comme son mari, jusqu'à ce que par imitation, si ce n'est dans un but pire encore, l'habitude de boire ne descende aux enfants. Un grand nombre de femmes d'ouvriers boivent. Elles vont dans les épiceries, elles vont dans des maisons à étages où se trouvent des débits clandestins très bien achalandés. Père et mère qui boivent, ménage et famille perdus sans ressource. Et combien de ménages faut-il compter dans nos villes qui descendent ainsi la pente funeste au bout de laquelle se trouve la misère noire quand ce n'est pas la prison. Le nombre en est tel que je n'ose vraiment pas le donner.

Ainsi donc, l'alcool, en supprimant le salaire de l'ouvrier qui n'est pas sobre, le jette dans l'indigence.

Mais ce n'est pas tout : L'alcool pris par un ouvrier qui rapporte chez lui une somme suffisante pour que sa famille, tant bien que mal, subsiste, n'est pas inoffensif. Il va tuer cet ouvrier en plus ou moins d'années, suivant sa constitution, suivant sa force de résistance.

La cirrhose alcoolique est une maladie tellement fréquente au Havre qu'il n'y pas un médecin qui n'en observe un bon nombre tous les ans. Elle ne pardonne guère. Dans le cours de ma carrière je n'en ai vu qu'un cas de guérison authentique chez le seul ouvrier, un cocher, que j'aie réussi à convertir à la sobriété.

Quand ce n'est pas la cirrhose, c'est la tuberculose qui prend si vite et si sûrement sur le terrain préparé par l'alcoolisme. Et je ne parle pas ni des gastrites ulcéreuses, ni des diarrhées invétérées, ni de l'obésité alcoolique qui conduit vite au diabète irrémédiable, ni aux accidents cérébraux pendant et après l'ivresse, accidents souvent terribles qui conduisent l'alcoolique à la prison, au bagne ou à l'échafaud.

Le calcul de ce que l'alcoolisme coûte à l'assistance publique hospitalière a été fait partout, mais ce qui est plus facile à voir encore, c'est ce qu'il coûte à l'assistance des valides en créant le veuvage et l'orphelinat dans une proportion onéreuse pour le corps social. C'est par dizaine de mille francs qu'il faudrait procéder pour établir ce triste bilan.

Ce tableau paraîtra sombre : il est bien au-dessous de la vérité, et il serait à souhaiter que le Congrès de Rouen, par l'émission d'un vœu énergique ébranlât la quiétude de ceux qui pourraient si facilement se mettre à la tête d'un mouvement de réaction générale contre un pareil fléau.

Après l'alcoolisme vient la Phthisie pulmonaire, comme cause active de l'indigence.

La ville du Havre présente, sous le rapport de la phthisie, ou pour parler plus scientifiquement de la tuberculose, un problème étiologique très intéressant et sur lequel j'ai déjà souvent appelé l'attention sans avoir eu la chance d'être compris, soit par la population, soit par ses représentants officiels dans les corps élus.

C'est un lieu commun à Paris, dans le corps médical, voire même à l'Académie de Médecine, de soutenir que le Havre et les rivages de la Manche sont funestes aux poitrines suspectes, affaiblies, et par là même prédisposées. Mais il en est des bords de la mer comme des montagnes. Quand la cure de montagne a commencé pour les tuberculeux à Davos, il n'y avait pas un paysan de Davos poitrinaire ; qu'on aille voir maintenant ce que la population indigène de Davos est devenue quant à la tuberculose !!! On m'affirme qu'il en est de même à Leysin. Semez la tuberculose dans la montagne, elle y germe malgré l'altitude ; semez-la au bord de la mer, elle y germe, bien qu'il soit démontré par l'exemple célèbre de Berk-sur-Mer, que la tuberculose des membres se guérit au bord de la mer. Ce n'est donc pas le climat maritime qui fait, qui engendre la tuberculose, c'est la contagion, c'est le foyer primitif qu'on ne veut pas traiter comme un foyer de maladie infectieuse.

La ville du Havre prouve surabondamment cette proposition. Il y a des rues, de grands boulevards, ouverts au vent du large, où depuis 18 ans il n'y a pas eu un décès de phthisie pulmonaire, et il y a un quartier, le quartier Saint-François, et dans ce quartier des rues où la phthisie fait les mêmes ravages qu'une maladie épidémique.

Notre chiffre de 6 à 700 phthisiques par an est le plus élevé de la France, et cependant il y a des parties du Havre absolument indemnes de phthisie. Conclusion : faites disparaître le foyer de tuberculose de Saint-François, par un assainissement rationnel des maisons, des logements et du sous-sol, et de 6 phthisiques par 1,000 vivants, vous arriverez rapidement au chiffre de 2 comme à Londres, en supprimant les bacilles tuberculeux de notre ville.

Ces considérations sont importantes, car la phthisie comme l'alcoolisme, l'un aidant l'autre, fournit à l'assistance des valides, un large contingent de veuves et d'orphelins. .

Le jour où le Conseil municipal comprendra son devoir pour diminuer les frais de l'assistance aux valides, il commencera par faire disparaître l'alcoolisme et la phthisie, en prenant les mesures que comporte ce double problème, difficile mais non impossible à résoudre.

Quant aux *Accidents du travail*, c'est à peine s'il est nécessaire d'en parler, car le mécanisme des assurances et la grande bienveillance de nos tribunaux pour les ouvriers ont réduit leurs méfaits quant à l'assistance à un minimum qu'il sera difficile de faire diminuer.

Les accidents du travail réglés par des lois et des règlements spéciaux, ne grèvent plus aujourd'hui d'une façon notable le budget de l'assistance aux valides.

CHAPITRE IV

Des moyens employés en dehors de l'assistance officielle pour venir en aide aux indigents valides. — Asiles de nuit. — Assistance par le travail. — Soupes économiques.

C'est de beaucoup le chapitre qu'il me coûte le plus de traiter, parce que ma raison et mon expérience sont absolument opposés à ce que pendant de longues années mes sympathies me dictaient pour les malheureux. A ceux qui ne savent pas où coucher, pourquoi ne pas leur ouvrir un asile où ils trouveront un bon lit et même le matin une bonne soupe ; à ceux qui n'ont pas de travail, quoi de plus moral et de plus simple que de les faire travailler ; à ceux qui meurent de faim, quoi de plus humain que de les nourrir.

En effet, le problème ainsi posé, est facilement résolu ; mais malheureusement tout ce qui touche à la vie sociale est complexe et ne se résoud pas par des formules simples et toutes droites.

L'asile de nuit ! ! ! quelle superbe institution s'il n'abrite que les misères vraies ; mais voyez-les tous à l'œuvre ces asiles ; voyez la population qui s'y presse, le chiffre qu'elle atteint, et vous comprendrez qu'elle draine au profit de notre ville tout le département et même tous les départements voisins pour attirer chez nous des gens qui ne sont pas des ouvriers, mais plutôt une honte pour les ouvriers de notre ville. Que la police nous donne donc un jour le dossier judiciaire des habitués des asiles de nuit, et nous verrons alors à quoi et à qui ils sont utiles.

Je n'insiste pas. Ces quelques mots suffisent.

Quant à l'*Assistance par le travail* telle qu'elle est pratiquée au Havre, à Rouen, à Paris, à Marseille, à Nancy, bien comprise, elle ne peut *et ne doit* être qu'un rouage, mais rouage important, dans l'organisation méthodique de la bienfaisance. Quand une société de charité bien organisée veut savoir si vraiment tel et tel solliciteur, valide, vigoureux, est désireux de travailler, il faut bien qu'elle ait une pierre de touche, et l'Assistance par un travail quelconque doit servir précisément de pierre de touche.

Faire des cotrets ou des briquettes n'a jamais été une solution du problème de l'indigence, et, sur ce point particulier, l'expérience a parlé et résolu la question, comme sur d'autres.

Je n'insiste pas davantage, sachant qu'un des membres du Congrès, le docteur Lausiès, doit présenter un travail important sur l'assistance par le travail du Havre, dont il est le directeur. J'ignore, en écrivant ces lignes, quelles sont les conclusions de mon confrère, mais ce que je sais bien, c'est que ni à Paris, ni au Havre, l'assistance par le travail n'a fait diminuer le nombre des indigents.

Quant aux soupes économiques, on peut dire qu'elles sont un remède, efficace ou non, aux scrupules de conscience du corps social, quand il se trouve en présence de la faim menaçante. Quand on se dit que ceux qui n'ont pas mangé ont une bonne soupe dans l'estomac et le soir un bon lit dans les asiles, on s'endort plus tranquille.

Les soupes économiques, c'est la garantie contre l'émeute, c'est la satisfaction que se donne à bon marché le corps électoral pour pouvoir affronter les réunions publiques, mais ce n'est que cela. Partout où aux Etats-Unis on les a supprimées en même temps que d'autres secours en nature ou en argent, on a facilité la solution du problème du paupérisme. Triste sujet sur lequel il ne me convient pas davantage d'insister.

CHAPITRE V.

De la nécessité de fonder au Havre une société de charité se substituant à l'assistance officielle et supprimant complètement l'assistance privée en la rendant méthodique et efficace.

Si ce résumé que j'ai donné dans ce Rapport des expériences, on peut le dire, universelles, qui dominent en l'éclairant le sujet du paupérisme a été compris des lecteurs, la conclusion que je viens de formuler s'impose.

Au Havre, comme à Rouen, comme partout dans la Seine-Inférieure, nous gaspillons des sommes considérables en efforts isolés, insuffisants, mal compris, et qui n'atténuent pas, au contraire, qui aggravent l'indigence. Réunir en un faisceau toutes les bonnes volontés, tous les dévouements, et aussi toutes les sommes d'argent gaspillées, voilà ce qu'il faudrait faire pour aboutir.

Y a-t-il un terrain commun où les partis politiques et religieux puissent se rencontrer pour mener à bien une réforme aussi urgente. C'est ce que je veux examiner en terminant.

Comment se fait-il qu'à Elberfeld on ait réussi à fonder une société de charité qui a embrassé la ville toute entière quand il a été si difficile de réussir ailleurs.

La raison du succès a été due surtout à l'abdication des églises, quant à leur prosélytisme, bien entendu je parle du prosélytisme pratiqué directement ou indirectement par l'assistance aux pauvres. Trois églises se partagent la ville d'Elberfeld, qui a 120,000 habitants, presque également : les catholiques avec un évêque, les luthériens et les calvinistes ou réformés. Il a fallu que le mal fût bien grand, mais il l'était, pour que les chefs spirituels de ces trois confessions consentissent à abdiquer leurs devoirs d'assistance. Le mal était grand par le parasitisme flagrant, indiscutable favorisé par la lutte des trois églises. N'est-ce pas le même phénomène immoral et odieux qui se passe chez nous ? Ne voit-on pas des indigents être protestants le matin, catholiques à midi et libres penseurs à l'occasion. C'est en sachant combiner savamment leurs visites aux riches catholiques et protestants que des indigents à moi connus ont réussi à se faire des rentes et il ne serait peut-être pas difficile de trouver au Havre comme à Rouen, comme à Paris, des familles faisant le pendant de la célèbre famille Margaret, de New-York, qui, en cinq générations, a prélevé, pour bien vivre, la somme de 7,500,000 fr., sur la bêtise humaine.

J'ai connu une indigente qui est morte dans la rue de l'Hôpital et qui avait 45,000 fr. en argent et en or, dans sa paillasse.

Pourrons-nous jamais obtenir d'églises rivales qu'elles abdiquent entre les mains d'une société de charité les secours qu'elles donnent aux indigents? Cela n'est guère dans notre caractère, et cependant l'expérience faite à Elberfeld a été absolument triomphante et tout le monde, mais surtout les églises, s'en est bien trouvé.

Le terrain commun à toutes les églises, à toutes les sectes religieuses ou politiques ou sociales est et doit être celui de l'assistance. Oui, j'affirme qu'on peut s'entendre, quand il sera démontré à tous les intéressés qu'ils n'y perdront rien et que l'assistance y gagnera grandement.

Supposez en effet cette abdication consentie par nos églises, supposez de même que la charité privée, comme à Elberfeld abdique entre les mains d'une société qui aura pour but uniquement le relèvement du pauvre par un remède efficace, c'est-à-dire par un secours approprié, supposez même ce qui est possible que la charité officielle, à savoir le bureau de bienfaisance consente à la même abdication, encore comme à Elberfeld, et du coup vous verrez au Havre comme à Rouen le paupérisme subitement atteint, enrayé, frappé dans ce qui le fait vivre : les mauvais secours et le parasitisme.

Si ces considérations vous frappent comme elles m'ont frappé, je demanderai au Congrès d'émettre le vœu qu'à Rouen comme au au Havre une Commission soit nommée pour l'étude sérieusement faite de la création d'une société de charité dans chacune de ces villes.

2° Je demande au Congrès d'émettre subsidiairement le vœu que la question de l'alcoolisme dans la Seine-Inférieure soit portée au Conseil général soit par un des membres de ce Conseil, soit par le Préfet du département, pour connaître l'étendue du mal et aviser aux moyens de le combattre.

3° Je demande enfin que la phthisie pulmonaire, qui est la pourvoyeuse de l'indigence dans la plupart de nos villes soit combattue par des mesures générales d'assainissement et que le Congrès émette le vœu que ces mesures soient prises à Rouen comme au Havre.

ANNEXE

Analyse d'une partie du livre de Ch. Booth.

MÉTHODE DE CLASSEMENT POUR L'ÉTUDE DU PAUPÉRISME

Toutes les maisons ont été visitées étage par étage et classées d'après le nombre d'enfants et la condition des parents. Les rues ont été groupées par quartiers d'après les écoles ; nous avons réuni ensuite les divers districts adjacents ainsi obtenus de manière à diviser la ville par quartiers comprenant de 2,000 jusqu'à 3o,ooo habitants.

Classement.

Chaque famille ainsi visitée a été classée suivant son degré de pauvreté, et nous avons adopté pour cela le classement par lettres.

La lettre A, c'est la plus basse classe, comprenant des ouvriers travaillant d'une façon intermittente, les vagabonds semi-criminels.

La lettre B. Les très pauvres, très misérables, dénuement chronique.

Les lettres C et D. Les pauvres, gain modique, soit par suite de l'irrégularité de leur emploi, soit par suite d'un gain petit, bien que régulier.

Les lettres E et F. Les classes ouvrières payées régulièrement et suffisamment.

Les lettres G et H. Classe moyenne et toute classe au-dessus.

Cette classification, faite pour tous les quartiers de Londres, nous a donné les résultats suivants :

Classe A   9 o/o   Classes constituant la pauvreté en
 —   B   7,5 o/o   tout dans une proportion totale de
 —   C et D   22,3 o/o   3o,7 o/o.
 —   E et F. — G et H. Aisance, 69 o/o.

Ce classement total provient des classements faits par quartiers, comme nous l'avons indiqué plus haut, et il y a tel quartier presque entièrement pauvre (comme South London), d'autres presque entièrement occupés par des riches ; dans une certaine partie de South London, il y a 47 o/o de pauvreté.

Nous avons ensuite fait des cartes représentant les divers quartiers de Londres avec des rues teintées différemment suivant la classification des pauvres.

Ainsi, les rues teintes en noir sont celles où la classe A est la plus nombreuse.

Classe B, bleu foncé ; classe C et D, bleu clair.

La couleur pourpre est donnée aux rues qui contiennent des familles de la classe C et D conjointement avec la classe E et F et la classe B.

La couleur rose est consacrée à la classes E et F seule.

La couleur rouge représente la bourgeoisie. La couleur jaune est pour les riches.

Ce classement ne peut pas être rigoureusement exact, vu qu'il y a rarement des rues où il n'y ait qu'une seule classe d'individus, mais nous nous sommes rapprochés autant que possible de la vérité, d'après la proportion contenue dans chaque rue.

Nos enquêtes ont été faites par les « City Missionaries » d'abord, gens qui ont vécu de la vie de ceux dont ils parlent pendant 20 ou 3o ans. Ensuite par des « School board visitors », dont l'enquête contrôlait et complétait celle des Missionnaires. C'est ainsi que nous avons pu établir, rue par rue, et étage par étage, une enquête minutieuse et détaillée sur chacune des familles de Londres. Ces enquêtes ne sont pas toutes reproduites. Nous n'en avons pris que quelques exemples. Ce ne sont pas nos enquêteurs qui ont fait le classement par lettre. Ils ignoraient même pour quel travail nous leur demandions cette enquête. Nous avons fait la classification d'après leurs renseignements.

Suivent quelques-uns des modèles d'enquête :

N° 6. — *Shelton street.*

Au rez-de-chaussée, au premier et au deuxième étages, rien de particulier à noter. Les familles vont et viennent, changent constamment ; ce sont presque tous des Irlandais catholiques, vivant dans la saleté, aimant à boire, et vivant d'expédients.

Au troisième étage, M. et Mme Casson habitent une petite mansarde depuis 5 ans, eux et leurs 5 enfants. Le père gagne peu et emploie presque tout son gain à boire ; la femme est très propre, travailleuse et soigneuse, les enfants parfois n'ont pas de quoi manger.

Dans la chambre à côté, habite pendant 5 ans à peu près un nommé

Smith, un camionneur qui gagne environ 20 shillings par semaine. Il vit avec une femme. Ils ne sont pas mariés. Ils devaient se marier, les bans étaient publiés, mais le matin même du jour où devait se célébrer leur mariage, ils burent un coup de trop, ils se battirent, la femme eut l'œil poché, il fallut remettre la cérémonie; l'homme étant mort subitement, jamais le mariage n'eut lieu. C'était un soldat de l'armée de réserve, bon garçon, mais buvant beaucoup; la femme, qui avait été mariée précédemment, était très bien.

N° 8. — *Shelton street.*

Au rez-de-chaussée, habite Mme X... et son fils, qui a maintenant 18 ans, mais qui n'en avait que 9 lorsqu'ils vinrent habiter la maison. Depuis la mort de son mari, Mme X... a transformé une des pièces en boutique où elle vend à peu près de tout, mais elle n'arrive que bien mal à gagner sa vie. Elle est Irlandaise et catholique, mais elle est plus propre et plus sobre que la plupart de ses voisins; elle dit que ce sont les pires gens qu'elle connaisse, et qu'ils volent où ils peuvent. Si elle leur fait crédit, elle ne retrouve pas souvent son argent. La chambre voisine de la sienne est occupée par une famille qui n'est rien moins que respectable. Dans cette maison, chaque pièce a 8 pieds carrés, il y a 2 chambres par étage, et chacune de ces chambres abrite une famille.

Au premier étage habitait Mme V... et sa fille, une femme respectable, morte maintenant. Elle gagnait sa vie en vendant des volailles. La chambre adjacente est occupée par une famille d'ouvriers irlandais, type habituel. A l'étage au-dessus habite une vieille dame, Mme R... Elle ne se plaint jamais, bien que souvent elle n'ait pas de quoi manger. Dans la même chambre habite sa fille avec 3 enfants maladifs. On ne connaît pas le mari, mais il y a, en revanche, un homme de 50 ans qui habite avec tout ce monde-là. La femme gagnait 2 livres à mendier avec une béquille autrefois, mais voilà 3 ans qu'elle ne le fait plus.

Dans la chambre adjacente habitent une femme et sa fille qui gagne la vie de toutes deux comme prostituée. La mère est une ivrognesse notoire, très mauvaise lorsqu'elle a bu, ayant souvent maille à partir avec la police; elle voulut mettre le missionnaire protestant à la porte de chez elle en le jetant en bas des escaliers avec force jurements.

Un autre habitant de la maison est un catholique, mais, dit-il, il ne croit qu'à la bière. Dernièrement, n'ayant pas d'argent, et voulant s'en procurer, il chercha à vendre pour 8 sous son couteau de poche.

Ne trouvant pas d'acquéreur, il se mit dans une rage épouvantable, déclarant qu'il faudrait bien que quelqu'un prenne son couteau. Il rentra chez lui, se prit de querelle avec un camarade, et lui enfonça son couteau dans le cœur, l'étendant raide mort. Il fut condamné à 10 ans de travaux forcés.

Autre exemple.

Notes données par une dame.

Flint street (p. 88).

(Voir au verso.)

	Chambres.	Personnes.			
Nº 15. — Rez-de-chaussée.	1.	2.	(B)	Femme et 1 enfant.	Plusieurs enfants partis. La fille va à l'école.
1er étage.					
— Second palier.					
— Chambres de derrière.	2.	3.	(D)	Homme, femme, 1 enfant.	Homme à travail régulier.
Nº 17. — Rez-de-chaussée.	2.	3.	(C)	Homme, femme, 1 enfant.	Lave des voitures (cab washer). — Garçon à l'école.
1er étage.	2.	2.	(D)	Homme et femme.	Une fille en service. Mourant souvent de faim.
Mansardes.	2.	8.	(C)	Homme, femme, 6 enfants.	Maçon. Homme convenable, souvent chôme l'hiver. La femme boit. La fille et le fils aîné travaillent.
Nº 19. — Rez-de-chaussée.	2.	2.	(D)	Homme, femme.	Age moyen. Ont peut-être des enfants. Aucun n'est là.
1er étage.	2.	4.	(C)	Homme, femme, 2 enfants.	Casual mort.
Dernier étage.	2.	4.	(A)	Veuve, 3 enfants.	Une grande fille. 2 petites à l'école. Très vilaines gens.
Nº 21. — Rez-de-chaussée.	2.	5.	(B)	Homme, femme, 3 enfants.	Gens bizarres et très pauvres. La femme n'envoie pas les enfants à l'école parce qu'ils sont en haillons.
1er étage.	1.	1.	(C)	Une veuve.	Vit de ce qu'elle peut ramasser.

Rupert place (bleu foncé).

N° 44 (p. 107). — Occupé par Bellengham et sa femme, des jeunes gens ayant environ 22 ans; 2 enfants, l'un de 2 ans, l'autre de 4 ans. Il est lamineur (lead culter) et gagne environ 18 sh. par semaine. Ils ont eu des ennuis avec leurs locataires. Toujours très pauvres. La femme paraît mieux que bien d'autres de ses voisines. Un homme de 60 ans, Renfston, habite avec ses filles une chambre de derrière. Il était autrefois allumeur de réverbères et gagnait 21 sh. par semaine. Il fait maintenant la réparation des chaussures. Sa femme (57 ans) est dans un asile. Elle a été sujette à des accès de folie depuis la naissance de son premier enfant. Une des filles a quitté la maison où elle était en service pour venir tenir le ménage de son père, deux autres sont placées, et il y a 2 fils qui sont ailleurs. L'un d'eux est policeman. Ringston est un homme respectable, mais pauvre. Dans une chambre de devant, habitent le ménage Simpson avec 2 petits enfants. L'homme travaille à une imprimerie, il gagne de 22 à 23 sh. par semaine. La femme boit.

Ginger street, p. 139 (bleu clair).

N° 17. — Au rez-de-chaussée, Hartley, un vieillard, occupe une chambre. Sa femme, qui vient de mourir, calendrait du linge, et, depuis sa mort, sa petite-fille fait le même travail au profit de son grand-père.

A l'étage au-dessus habite Grant, un ouvrier qui a épousé la fille de Hartley. Grant a un grand garçon et une grande fille qui travaillent, outre celle qui calendre le linge et 3 jeunes enfants. Il n'y a pas beaucoup d'ouvrage à la maison, et la famille vit surtout de ce que rapportent les enfants. Grant ne peut pas ou ne veut pas trouver d'ouvrage.

N° 18. — Korke, qui fait des maquereaux salés et fumés habite là. Il fume son poisson au n° 18 et au n° 16. Il a une femme et un enfant. La maison, qui pourrait être confortable, est misérable grâce à l'ivrognerie qui y règne.

Une fois les renseignements pris, nous avons pu réunir les rues prises comme type, et faire la statistique de ce que chacune de ces rues comprend en fait de pauvres de la classe A, B, etc... Cf. p. 225-226.

Exemple :

NOMS	A	B	%	C	D	%	E	F	%	POPULATION
Little Tasslere Street.........	58	137	71	41	30	26	8	—	3	274
Cleveland Terrace.........	10	60	61	26	18	38	2	—	1	116
Burdock Road	16	81	66	2	34	24	15	—	10	148
Rydal Street..............	13	108	63	23	19	23	19	8	14	192
Fluit Street..............	28	50	26	98	78	60	38	5	14	297
Totaux des rues bleues { marquées d'une croix noire.	125	436	55	192	179	37	82	13	8	1.027

D'autres tables ont été dressées pour montrer combien il y a de veuves, combien d'enfants, combien de malades, combien d'ivrognes de chaque classe (p. 231).

Combien il y a de travail irrégulier, combien sont sans aucun travail, combien il y a de familles au-dessus de 6 enfants.

Enfin des tables montrant le nombre de chambres occupées et quelle part de chambre à chaque habitant (p. 232).

Les enquêtes se sont occupées aussi des « Blocks of model dwellings. » Description de ces logements, qui sont de grandes maisons à étages louées par des gens de toutes les classes, suivant le quartier, la construction, l'état sanitaire, etc... Étudiés au point de vue sanitaire, au point de vue des habitants, de leur vie suivant les classes auxquelles ils appartiennent. P. 250. Exemple :

... Maison (très-mauvaise au point de vue sanitaire et au point de vue de la lumière). C'est un grand bâtiment à 6 étages, le rez-de-chaussée est très bas de plafond. Entrée par quelques marches dans un long corridor qui va tout le long de la maison depuis le devant jusque derrière le bâtiment. A peu près au milieu de ce corridor est l'escalier, en face duquel se trouve une fenêtre d'où on a retiré les châssis à la place desquels on a mis un robinet et un tuyau pour l'eau.

Cette ouverture donne sur une cour. Dans l'escalier se trouve une autre ouverture donnant dans une autre petite cour, longue et étroite. Ces deux espaces doivent éclairer les chambres de derrière. Les murs ont été blanchis à neuf. A côté du cabinet se trouve un petit recoin, un autre est dans l'escalier même. C'est dans ce bâtiment qu'il y a 20 locataires, possesseurs chacun d'une ou deux chambres, qui ouvrent toutes sur le corridor. Les étages supérieurs sont semblables, si ce n'est que les corridors sont beaucoup plus sombres, puisqu'ils ne sont pas éclairés par la rue et qu'ils font un coude à chaque extrémité pour arriver aux dernières chambres. Les murs intérieurs sont sales, et le plâtre tombe du plafond par plaques; le sous-sol a été fermé comme insalubre.

... Maison (très mauvaise au point de vue sanitaire et aussi comme lumière) à 4 étages, la façade est sur une grande place. Quelques marches conduisent à la porte extérieure (toujours ouverte). Cette porte donne sur un couloir avec un locataire de chaque côté, et au bout du couloir se trouve un escalier faisant face à une porte qui s'ouvre sur une petite cour de derrière. A mi-étage, est une petite buanderie ; la porte est ouverte. Il y a de l'eau, des baquets, dans un coin se trouve une armoire et à côté une masse de cendres, laissées là depuis plusieurs jours. Tout est dégoûtant et sent très mauvais. Quelques marches plus haut et l'on arrive à un corridor sombre avec des locataires à 1 et 2 chambres. Les étages au-dessus sont semblables. Un écriteau placé à l'extérieur de la maison avertit les passants qu'il y a des chambres à louer, peintes et tapissées, et en bon état, et que, seuls, les locataires respectables et tranquilles sont admis, etc...

Ces corps de logis sont classés sur des cartes, et teints en différentes couleurs, comme il a été dit plus haut, selon la classe des gens qui les habitent.

Chaque quartier de Londres a été étudié de cette façon ; on a vu ainsi quels étaient les travaux propres à chacun de ces quartiers, de quelle façon le travail était fait, dans quelles conditions, etc.

Ainsi, dans le « Central London », il y a des ouvriers cordonniers, des ouvriers tailleurs, qui travaillent pour les grands magasins du West-End.

Chap. IV (p. 734). — « *Common lodging houses* ».

995 common lodging houses en 1889, pouvant contenir (avec les 5 établies par la Métropole, ce qui ferait 1,000), une population de 31,651 personnes. Quelques-unes de ces maisons plus relevées sont

qualifiées d'hôtels et donnent des repas de 4 pence à 1 shilling. Aussi des institutions philanthropiques comme les « Servant's homes » ou autres asiles. Description (p. 379). Prix de 3 à 6 pence par nuit.

Population de ces lodging houses (p. 340-343).

Statistique de ces lodging houses (p. 347-348).